Jonas Abel

Zur "Funktion der Sprache in der geistigen Entwicklung des Kindes" von A.R. Lurija und F.Ja. Judowitsch

GRIN Verlag

Bibliografische Information der Deutschen Nationalbibliothek:

Die Deutsche Bibliothek verzeichnet diese Publikation in der Deutschen National-bibliografie; detaillierte bibliografische Daten sind im Internet über http://dnb.d-nb.de/ abrufbar.

Impressum:

Copyright © 2011 GRIN Verlag GmbH
Druck und Bindung: Books on Demand GmbH, Norderstedt Germany
ISBN: 978-3-656-57511-5

Dieses Buch bei GRIN:

http://www.grin.com/de/e-book/265268/zur-funktion-der-sprache-in-der-geistigen-entwicklung-des-kindes-von

Universität des Saarlandes
Fachrichtung 4.1. Germanistik
Vorlesung Einführung in die Sprechwissenschaft
Name: Jonas Abel

UNIVERSITÄT
DES
SAARLANDES

Buchrezension

A.R. Lurija und F.Ja. Judowitsch: „Die Funktion der Sprache in der geistigen Entwicklung des Kindes"

. Grundlegende Informationen zum Buch:

Das von mir zur Rezension gewählte Werk „ Die Funktion der Sprache in der geistigen Entwicklung des Kindes" wurde von den zwei sowjetischen Psychologen A.R.Lurija und F.Ja.Judowitsch geschrieben. Dieses Buch gibt es in mehreren Auflagen, Grundlage dieser Rezension ist die 1973 im Pädagogischen Verlag Schwann veröffentlichte Ausgabe. Der Erstdruck erschien 1956, drei Jahre später erschien die englische Übersetzung des Originaltextes: „ Speech and the Development of Mental Processes in the Child". Inhaltlich werden die 153 Seiten des Buches in 9 große Kapitel untergliedert:

Einleitung des Herausgebers

Die Rolle des Sprechens bei der Organisation geistiger Prozesse

Methoden zur Erforschung der Rolle des Sprechens bei der Organisation geistiger Prozesse

Die Zwillinge G: Psychologische Charakteristik

Besonderheiten in Struktur und Funktion der Sprache bei den Zwillingen G

Die experimentelle Entwicklung der Sprachfähigkeit der Zwillinge G und ihr Erfolg

Die Struktur der geistigen Prozesse bei den Zwillingen G

Wandlungen in der Struktur der geistigen Aktivität der Zwillinge G im Zusammenhang ihrer Sprachentwicklung

Zusammenfassung

2. Rezension:

In dieser Rezension gebe ich zunächst einen groben Überblick über den Inhalt des Werkes und hinterfrage kritisch die Äußerungen der beiden Autoren. Am Ende gebe ich eine kurze, subjektive Zusammenfassung. Hier zeige ich vor allem auf, inwiefern der Inhalt des Buches mit seinem Titel in Verbindung steht.

Schon im Inhaltsverzeichnis wird deutlich, dass die beiden Autoren in diesem Buch besonders auf ein damals eineiiges, fünfjähriges Zwillingspaar eingehen, das auch die Grundlage des Werkes bildet. Die Zwillinge sollen helfen, den Autoren neue Erkenntnisse, was die Funktion der Sprache in der geistigen Entwicklung des Kindes anbelangt, zu liefern. Ob die Untersuchung lediglich eines Zwillingspaares für eine Verallgemeinerung von Aussagen ausreicht, lässt sich nicht sagen. Dies sollte aber kritisch hinterfragt werden. Da heute mehr anerkannte Studien zu dem von den Autoren gewählten Thema existieren, lässt sich diese Frage heutzutage besser beantworten als zur Entstehungszeit.

1. Einleitung des Herausgebers:

W.Loch bringt in seiner Einleitung zunächst verschiedene Sprachtheorien an, z.B. die von Freud, Piaget, usw. Hierbei wird auf das Verhältnis von Sprechen und Denken, was menschliche Bildungsprozesse anbelangt, besonders eingegangen. Anbei werden die beiden Autoren vorgestellt ung grobe Informationen über ihren Forschungsbericht gegeben.

2. Die Rolle des Sprechens bei der Organisation geistiger Prozesse:

In diesem Kapitel steht der Sprechakt im Bezug auf die Organisation geistiger Prozesse im Vordergrund. Die beiden Autoren zeigen verschiedene Theorien auf, um die Komplexität der Vorüberlegungen zu zeigen, die bei der Bewältigung dieses Themas notwendig sind: Eine Möglichkeit ist es, die Reifung geitiger Fähigkeiten als kontinuierlichen Vorgang aufzufassen; eine andere zielt auf eine Reduktion des Lehren und Erziehens auf bloßes Training. Diese beiden Theorien sind allerdings heute überholt. Danach beschreiben die Autoren ihre Ansichten von der landestypischen Psychologie. Einerseits die materialistische Psychologie, in Auslassung einiger Aspekte der Tiefenpsychologie, andererseits der Entwicklungsbegriff sei seit Setschenow von großer Bedeutung. Hierbei führt eine konkrete Aktivität im Organismus zu Herausforderung, vielmehr zu Problemen, die durch die Herausbildung reflexartiger Tätigkeiten notwendig sind.

Am Ende des ersten Kapitels wird noch einmal deutlich, wie wichtig die „geistige Tätigkeit des Kindes als Ausdruck seines Lebens in bestimmten sozialen Verhältnissen" (S.40) ist.

3. Methoden zur Erforschung der Rolle des Sprechens bei der Organisation geistiger Prozesse:

Dieses Kapitel gibt eine Antwort auf die Frage, welche Rolle das Sprechen bei der Organisation geistiger Prozesse einnimmt. Abhilfe schaffen hier verschiedene Methoden. In Bezug auf die Verschiedenheiten in der Aktivitätsstruktur bei der Sprachentwicklung kann man Untersuchungen bei Kindern durchführen oder diese Aktivitätsstruktur bei Menschen untersuchen, deren Sprachfähigkeit durch Hirnschäden vermindert ist. Bei dieser Thematik sind die Psychologen A.R.Lurija und F.Ja.Judowitsch der Ansicht, dass in der Sprachentwicklung zurückgebliebene Kinder die mit Abstand geeignete Gruppe bildet. Eineiige, zusammen aufgewachsene Zwillinge sind besonders gut geeignet, da der Grund der sprachlichen Zurückgebliebenheit oftmals auf der fehlenden Notwendigkeit einer korrekten Kommunikation untereinander basiert. Damit wird der Bogen zum anschließenden Forschungsbericht gespannt.

4. Die Zwillinge G: Psychologische Charakteristik:

Die eineiigen Zwillinge namens Jura und Ljoscha werden als Versuchspersonen ausgewählt. Man erfährt ein wenig über ihre familiären Beziehungen, sie sind zwei von insgesamt sieben Kindern einer Großfamilie. Körperlich heben sie sich nicht von ihren Geschwistern ab, auch ihre geistigen Fähigkeiten scheinen normal entwickelt zu sein. Nur ihre Sprache zeigt eindeutige phonetische Mängel, auffallend ist außerdem die Verwendung einer ungewöhnlichen Sprechweise.

5. Besonderheiten in Struktur und Funktion der Sprache bei den Zwillingen G:

Hier treten die Ergebnisse der Untersuchungen, die die Autoren an den Zwillingen erhoben haben, zu Tage. Diese werden dem Leser in vielen Tabellen präsentiert (z.B. Untersuchungsergebnisse über den Wortschatz oder auch grammatische Strukturen der Sprache). In der Interaktion der Zwillinge wird Sprache nur gebraucht, wenn damit unmittelbar Handlungen verbunden sind, die in der sehr nahen Zukunft, eher noch Gegenwart stattfinden. Die Zwillinge verwenden Sprache z.B. nicht der Planung eines zukünftigen Vorhabens.

6. Die experimentelle Entwicklung der Sprachfähigkeit der Zwillinge G und ihr Erfolg:

Dieses Kapitel stellt ein bestimmtes Experiment dar, das die positive Entwicklung der Sprachfähigkeit beschreibt. Um der Problematik der Zwillinge zu entgehen(gemeinsame Gene und Umwelt) werden die Kinder im Kindergarten getrennt untergebracht. Ljoscha bekam außerdem, nicht wie sein Zwillingsbruder Jura, gezielten Sprechunterricht. Schon nach sehr kurzer Zeit sind deutliche Fortschritte sichtbar, was das bisherige Problem, das Sprechen über die Planung eines zukünftigen Vorhabens angeht.

7. Die Struktur der geistigen Prozesse bei den Zwillingen G:

Besonders auf die Frage, inwiefern die mangelnde Sprechfähigkeit auch mit geistigen Aktivitäten verbunden ist, wird hier eingegangen. Im Gegensatz zu ihren Geschwistern, beschäftigen sie sich immer mit denselben Sachen, die Autoren bezeichnen ihr Spielen als monoton. Aus einigen mit den Zwillingen durchgeführten Tests wird deutlich, dass die Unterentwicklung der Sprachfähigkeit in einem sehr hohen Maße zu einer Verlangsamung der geistigen Aktivitäten geführt hat.

8. Wandlungen in der Struktur der geistigen Aktivität der Zwillinge G im Zusammenhang ihrer Sprachentwicklung:

Dieses Kapitel beschreibt, welche Fortschritte die Zwillinge im Laufe des Experiments machen: Einerseits hat Jura durch seinen Sprachunterricht größere Fortschritte in seiner Sprachfähigkeit gemacht als Ljoscha, dennoch lässt sich sagen, dass die Spielaktivität der Zwillinge sowie vor allem ihre konstruktiven Fähigkeiten sich in großem Maße verbessert haben.

9. Zusammenfassung:

Abschließend wird dem Leser Untersuchungsgegenstand und -ergebniss zusammengefasst, nämlich das tatsächlich ein unverkennbarer Zusammenhang zwischen geistigen Fähigkeiten von Kindern und ihrer Sprache besteht.

Das Buch bietet einen großen und auch interessanten Überblick über die Tätigkeit eines Sprachpsychologen, wie es die beiden Autoren sind. Als Leser erfährt man, wie sie das Verhalten der Kinder analysieren und wie sie verschiedene Untersuchungen bzw. Experimente planen, durchführen und analysieren.

Anzumerken ist, dass es keine große Überraschung ist, wenn die Autoren am Ende des Textes von einem Zusammenhang zwischen geistiger Fähigkeiten von Kindern und ihrer Sprache sprechen, da der Titel des Werkes schon „Die Funktion der Sprache in der geistigen Entwicklung des Kindes" heißt. Der Titel ist meiner Meinung nach unklug gewählt, man hätte auch eine offene Fragestellung als Titel verwenden können.

Den beiden Autoren gelingt es, den Zusammenhang zwischen Sprache und geistiger Entwicklung deutlich zu machen und zu benennen. Hoch anzurechnen ist den Verfassern außerdem, dass so ein komplexes Thema in einer verständlichen Sprache verfasst wurde, so spricht es viele potenzielle Leser an, außerdem ist das Buch durch die Gliederung in kurze Kapitel und bildhafte Illustrationen auch für Laien lesenswert.

Schade ist, dass aus den Psychologen gemachten Beobachtungen zu schnell Schlussfolgerungen gezogen werden. Da Jura ja Sprachunterricht erhält, wird dieser als einziger Grund für seine verbesserte Sprache angeführt, die veränderte Umwelt (andere Kindergartengruppe) weicht sicherlich von der seines Zwillingsbruders ab und kann auch als Grund für die verbesserte Sprachfähigkeit angeführt werden; diese Option wird erst gar nicht berücksichtigt. Zu diesem Punkt gehört auch, dass die Beobachtungen im Bericht sehr stark mit dem zu zeigenden Forschungsergebniss korrelieren. So hat man als Leser teilweise das Gefühl, das die Psychologen vor Beginn der Untersuchungen bereits eine These im Bezug von Sprache auf die gesitige Entwicklung von Kindern haben, die es dann in den späteren Tests mit den Kindern zu untermauern gilt.